에픽티터스 잠언록

THE ENCHIRIDION by Epictetus

조용기 김현지 역

교우출판

자신의 불행을 두고,

남을 비난하는 것은
수행이 안됐다는 징표요,

자신을 비난하는 것은
수행이 시작되었음을 의미하며,

자신도 남도 비난하지 않는 것은
수행이 완결되었음을 의미한다.

— 본문 5절 —

목 차

역자 서문　　　　　　　　　　　9

에픽티터스 잠언록　　　　　　　17

역자 서문

I

이 책 「에픽티터스 잠언록」은, 대표적 후기 금욕주의자 에픽티터스(Epictitus)의 *Enchiridion* (*Handbook* 혹은 *Manual*)을 번역한 것으로, 그의 제자 아리안(Arrian)이 *Discourses*에서 일부를 발췌하여 엮어놓은 책이다. *Handbook*이 시사하듯 '가까이 두고,' '늘 손에 쥐고' 참고하면 좋을 인생의 경구를 담아놓은 책으로, 철학사적 이해에 도움이 됨은 물론, 삶의 여정에서 지치고 힘들 때 어느 한 페이지라도 펼쳐보면 힘이 될 수 있는 일종의 채근담(菜根譚)이다.

삶의 내적 충만만 추구해도 모자랄 판에 금욕[1]을 얘기한다는 것이 이상하게 보일지도 모른다. 그러나 일상생활 속에서 건강이 증진되어야 하지만 가끔은 병원에서 따로 치료를 받아야 할 때도 있듯이, 삶을 마냥 즐기기만 하는 대신, 특히 한계상황에 처하여, 그것을 재점검하고 조정해야 할 때도 있다. 「잠언록」은 그런 점검과 조정

---

[1] 생리적 욕구를 억제한다는 의미라기보다, 세상이 내 의지대로 돌아가기를 바라는 욕심을 버린다는 뜻이다.

의 지침서로서, 삶의 내적 충만을 멀리하라는 책이라기보다 그것을 보완하고 강화하라는 책으로 이해할 수 있다. 따라서 「잠언록」은 사실 금욕서라기보다 진정한 행복의 보완서라 할 수 있다. '삶의 의미를 그 외적 허울에서 찾지 마라'는 말을 뒤집어 보면 '삶의 의미를 그 내적 충만에서 찾아라'는 말이 되기 때문이다.

그러나 종교 일반의 가르침이 그렇듯, 마음을 비운다는 것은 그리 쉬운 일이 아니다. 우주는 공허를 싫어한다. 용기의 외벽이 어지간히 두껍지 않고서는 그 안을 진공상태로 유지하기 어렵다. 인격이라는 외벽이 엄청 강하지 않고서는 모든 것을 버릴 수는 없다. 무언가를 버릴 수 있는, 보다 자연스런 방법은, 그러나, 용기 안을 다른 무언가로 채우는 것이다. 하는 일이 즐거울 때만 명리를 넘어서는 일이 어느 정도 가능하다. 공자의 말을 빌면, 남들이 알아주지 않더라도 개의치 않을 수 있는 것(人不知而不慍)은 오직 학습 자체에 열락(說樂)할 수 있을 때이다. 요컨대 존 듀이가 「경험으로서의 예술」에서 말하는 활동과 "하나"되는 예술적 삶을 살 수 있을 때만, 에픽티터스가 「잠언록」에서 말하는 모든 것에서 초연한 삶이 어느 정도 가능하다.

외적 허울을 벗어던지라는 이 책은, 따라서, 내적 충만을 찾으라는 존 듀이의 「경험으로서의 예술」의 동반

서가 되면 좋을 책이다. 물론 삶은 즐겁기만 한 대신 인내해야 할 때도 있다. 인생에는 해결가능한 문제(problem)만 있는 것이 아니라 지니고 살아야 할 문제(predicament)도 있다. 문제해결 과정을 통해 내적 충만의 추구에 최선을 다하기 전에는, 그러나, 그것이 해결가능한 문제인지 지니고 살아야 할 문제인지도 사실상 판단하기 어렵다. 절대적인 한계 상황이란 없는 것으로, 어제의 '지니고 살아야 할 문제'가 오늘의 '해결 가능한 문제'가 될 수도 있다. 인간이 하늘을 나는 것이 한계 상황인 때도 있었지만 지금은 외계까지 날아가는 '해결 가능한 문제'가 되었다. 죽음조차 영원히 순응하기만 해야 할 한계상황이라 할 수 없는 것이, 인공지능의 발달이나 최근의 생명공학의 발달에 비추어보면 우리가 죽음을 걱정하는 대신 죽지 못함을 걱정해야 하는 때가 올 수도 있기 때문이다. 해결 가능한 상황의 경계는 끊임없이 확대되고 있는 바, 우리가 할 수 있는 것은 그 안에서 내적 충만에 최대한 충실하는 것이다. 그것이 곧 듀이적 '해결 가능한 문제'의 영역이다. 그러고도 넘을 수 없는 한계상황에 직면하면, '지니고 살아야 할 문제'와 마주하면, 그것을 가급적 담담하게—스토아학파의 관점에서 보면 "자연"의 법칙으로—받아들이는 것이다. 사실, '해결 가능한 문제'에의 충실이 '지니고 살아야 할 문제'와의 공존의 조건이 된다. 내적 충만의 추구에 최선을 다한 사람만이 운명적으로 순응해야 할 상황이 오더라도 그것을 훨씬 쉽게 받아들일 수 있다. 「추락할 줄 알기」라는 책에서 보듯, 열심히 산 사람만이 예기치 못한 신체적 장애도 '지니고' 살기 쉽다. 인생사의 무상(無常)을 깨닫는 것만으로는 정서적 굴곡으로부터의 해방이 쉽지 않은 것으로, 보다 적극적인 사회적 성취 활동으로 뒷받침될 필요가 있다.

그렇지만 한계 상황 자체를 경각할 때 John Lachs[2]가 말하는 "금욕적 순응"이 보다 쉬울 수 있다. 어느 선승(禪僧)의 주장처럼 매 순간 최악을 생각하며 살 필요는 없더라도(이 책의 저자도 항상 죽음을 생각하고 살라고 주문한다. 21절 참조.), 적어도 이따금 한계상황에 대한 경각을 새로이 할 때, 최선의 노력 끝에 마주하는 악을 보다 불평없이 받아들일 수 있을 것이다. 인생사의 무상을 경각하여 그것을 담담하게 받아들이게 도움을 줄 수 있는 책의 하나가 바로 본서 「잠언록」이다. 그러나 다시금 해탈(解脫)은 극락(極樂)을 위한 것이라는 점, 사실 극락해야 비로소 해탈할 수 있다는 점을 기억할 필요가 있을 것이다.

---

[2] John Lachs. *Stoic Pragmatism*. Indiana University Press. 2012.

II

　이 책의 개인주의적 경향은 저자가 산 시대적 배경과 무관하지 않다. 금욕주의는 쾌락주의, 회의주의, 냉소주의와 더불어 고대 헬레니즘 시대를 대표하는 철학의 하나이다. 이 시대는 알렉산더 대왕의 사후, 왕조의 분열과 갈등에 따른 사회적 혼란이 지배하던 시대로, 식자(識者)들은 사회적 개혁보다는 개인적 구원에 뜻을 두는 경향이 뚜렷하였다. 말하자면, 사회적 상황이 열악하더라도 개인은 그 속에서 행복할 수 있다는 믿음이 이 시대의 철학을 지배하고 있었다고 볼 수 있다. 따라서 적극적 성취의 희열보다는 소극적 마음의 "평정"(tranquility) 혹은 평화를 추구하는 특징을 보인다. 이 점에서는 쾌락주의라 하여 그 반대편 금욕주의와 크게 다를 바 없다.3) 또 이들은 평정의 근거를 인위와 대비되는 "자연"에서 찾는 경향이 없잖았다. "문명" 자체에 대해 냉소적인 태도를 취함으로써 평정을 얻으려는 냉소주의,4) 어떤 사안도 서

---

3) 쾌락주의가 결혼이나 관직을 사실상 금기시했다는 사실에 비추어 보면, 금욕주의보다 쾌락주의가 더 개인주의적이라 할 수 있다. 물론 이 점은 후기 금욕주의가 주로 로마시대(정치가의 시대)에 해당된다는 사실과 무관하지 않을 것이다. 로마시대의 대표적 금욕주의자 세네카와 아우렐리우스는 정치가이다.
4) 문명과 인습을 거부하는 냉소주의자들은 거지같은 삶을 살았고, 때로 공공장소에서 대소변을 보는 경우도 있었다고 한다. 대표적 인물인 디오게네스(Diogenes)―그가 개같이

로 상반되는 평가가 가능함으로 "판단 정지"를 통해 마음의 평정을 얻을 수 있다는 회의주의,5) 최소한의 "자연적 필요"만 추구함으로써 욕구좌절에서오는 마음의 흔들림을 피할 수 있다는 쾌락주의,6) "자연"의 법칙(필연, 운명)에 절대적으로 순응함으로써 마음의 평정을 얻을 수 있다는 금욕주의7) 등은 모두 개인적 구원의 철학이자, 일종의 자연주의 철학―물론 금욕주의에서 가장 "자연"이 두드러지지만―이라 할 수 있다.

살았다는 데서 cynicism(냉소주의)이 유래한다―는 알렉산더대왕이 찾아와 "원하는 게 있으면 한 가지 말해보라"고 하자 "햇빛을 막고 있으니 비켜달라."는 말을 한 것으로 유명하다고 한다.

5) 대표자 Pyrrho of Elis. 아카데미아 회의주의와 달리, 대표자의 이름을 따서 피로주의라고도 한다. 정오나 선악에 대한 판단정지는 곧 각자 자신이 처한 사회적 관례를 따르게 된다는 결론을 시사한다.

6) 대표자는 에피큐러스(Epicurus)로, 에피큐러스학파라고도 한다. 평정으로서의 쾌락을 위해서는 신과 죽음에 대한 두려움과 같은 근거없는 두려움에서 해방될 필요가 있음을 역설하였고, 만족에 끝이 없는 "자연적이지만 불필요한" 욕구나 허망한 욕구(권력 등)가 아닌 "자연적이면서 필요한" 욕구(간소한 식사 등)를 중심으로 하는 삶을 주장하였다. 특히 우정을 중시하였다고 한다.

7) 스토아학파(초대 수장 제논이 제자들과 함께 모임을 가졌던 한 아테네 시장 광장의 "현관"을 기려 stoicism이라 하였다고 함)라고도 하는데, 에픽티터스는 후기 금욕주의철학의 대표자이다. 금욕주의자에는 비천한 지위의 노예출신(에픽티터스)이 있는가 하면 최상의 지위에 오른 대왕(아우렐리우스)도 있다.

III

　에픽티터스는 세네카(Seneca), 아우렐리우스(Marcus Aurelius)와 더불어 대표적 후기 금욕주의자에 속한다. 스토와학파의 3대 수장인 크라이시퍼스(Chrysippus)가 이론가인데 비해, 이들은 주로 실천에 관심을 둔 실천철학자라 볼 수 있다. 에픽티터스는 이론도 결국은 실천을 위한 것이라는 입장을 이 책 52절에서 분명히 한다.
　"세상사에는 우리 통제 안에 있는 것도 있지만 그 밖에 있는 것도 있다."로 시작되는 이 책의 논지는 크게 세 가지로 요약될 수 있다. (1)세상은 우리의 의지와는 무관하게 "자연"의 법칙에 따라 돌아간다. (이것은 우리의 통제 밖의 문제이다.) (2)그 자연의 법칙을 거역하는 대신 거기에 전적으로 순응하는 결정을 내리고 행동할 때, 마음의 평정 혹은 행복이 가능해진다. (이것만 우리 통제 안에 있다.) 이런 자연에 순응하는 행위가 곧 덕 혹은 덕의 원천이다. 그러나 (3)이런 철학자가 되어 평정을 맛보기 위해서는 엄청난 각오와 노력이 요청된다. 명리로부터의 초연(超然)을, 금욕을, 끊임없이 경각하고 실천하지 않으면 안된다. 말하자면 무상이라는 자연법칙에 순응하여, 내 통제 밖에 있는 것에는 깡그리 마음을 비워야 한다. 금욕주의는 일종의 합자연 이론으로, 루소의 합자연이 인간 본성과의 부합을 주장하는 이론이고, 칸트의 합자연이 인간사회의 보편적 의무법칙과의 부합을 주장하는 이론이라면,8) 에픽티터스의 합자연은 우주법칙과의 부합을 주장하는 이론이다. 이런 합자연 사상의 발로(發露)는 이 책을 통해 보다 구체적으로 확인할 수 있을 것이다.

   금욕주의는 훗날 기독교의 발달에 영향을 미쳤다는 평가가 있는데, 사회적 개혁보다 개인적 구원, 성취의 희열보다 해탈의 평정 등을 희구한다는 점에서 그 자체 종교적 성격이 강하다. 이 책의 곳곳에서 독자들은 불교적 색채도 찾아볼 수 있을 것이다.

   이 책의 번역은 Thomas W. Higginson의 역서 *The Enchiridion by Epictetus* (The Liberal Arts Press, 1948)를 근간으로 하고, P. E. Matheson의 역서 *The Manual of Epictetus* (The Modern Library, 1940)와 Nicholas White의 역서 *Handbook of Epictetus* (Hackett Publishing Company, 1983)를 참고로 하여 이루어졌다.

조용기 김현지
2022년 8월

---

8) 루소의 자연은 사회적 비교를 떠나 각자의 "본성"에 충실한 삶을 의미하고, 칸트의 자연은 인간사회를 지배하는 "자연법칙" 즉 보편적 도덕법칙을 의미한다.

에픽티터스 잠언록

1

세상사에는 우리 통제 안에 있는 것도 있지만 그 밖에 있는 것도 있다. 개인적 소견, 이루고자 하는 목표, 갖고 싶은 마음, 피하고 싶은 마음, 다시 말해 우리 자신이 좌우할 수 있는 모든 것9)은 우리의 통제 안에 있다. 우리의 통제 밖에 있는 것으로는 우리의 몸, 재산, 명예, 관직 등 한마디로 우리 자신이 좌우할 수 없는 모든 것10)이 해당된다.

우리의 통제 안에 있는 것은 성격상 우리를 자유롭게 하고, 구속도 방해도 할 수 없지만, 우리의 통제 밖에 있는 것은 우리를 의존적이게 하고, 나약하고 비굴하게 하며, 구속한다. 그러므로 본성상 구속적인 것을 자유롭다고 여기고 성격상 남의 것을 자기 것이라 여기면 반드시 좌절을 맛보고, 슬퍼하고, 혼란에 빠지고, 다른 사람들과 신까지도 원망하게 된다는 점을 명심하라. 그러나 원래 자기 것만 자기 것이라 생각하고 남의 것은 솔직히 남의 것이라 인정하면, 어느 누구도 당신을 구속하거나 강제할

---

9) 판단, 목표, 호오 등은 모두 우리의 생각이다.
10) 우리의 생각을 제외한 모든 것.

수 없을 것이고, 당신도 어느 누구를 원망하거나 비난하지 않을 것이다. 당신 의지에 반하는 일을 해야 하는 경우는 절대 없을 것이다. 어느 누구도 당신을 해칠 수 없고 적도 생기지 않을 것이니, 어떤 해악도 당신에게 범접할 수 없기 때문이다.11)

이런 고결한 인생을 마음에 두고 있다면, 보통 노력으로는 그런 인생을 살 수 없다는 점도 반드시 명심해야 한다. 완전히 포기해야만 하는 것도, 당분간 멀리해야 하는 것도 있을 것이다. 그럼에도 포기하거나 멀리해야 할 관직과 재물까지도 얻고자 한다면 이는 불가능하다. 당신의 마음이 이미 고결한 것에 가 있기 때문이다. 오히려 자유와 행복을 가져다줄 유일한 희망인 고결한 인생도 놓치게 될 것은 불을 보듯 훤하다.

그러므로 모든 역경을 다음과 같은 자세로 임하도록 노력하라. "이것은 허울에 불과할 뿐 결코 진상이 아니다." 그리고는 당신이 갖고 있는 잣대로 분석하라. 먼저 잣대

---

11) 나의 통제를 벗어나 벌어지는 일은 나의 일부가 아니므로 (나=나의 통제), 나를 해칠 수 없다. 이 절 말미의 "통제를 벗어나는 것이라면, 그것은 당신에게는 아무것도 아니라는 각오로 임하라."와 같은 의미로 보인다.

중의 잣대인 다음 질문으로 시작하라. "이것은 내 통제 안의 무엇인가, 아니면 밖의 무엇인가?" 통제를 벗어나는 것이라면, 그것은 당신에게는 아무것도 아니라는 각오로 임하라.

2

이것을 기억하라. 욕망하는 것은 가지고 싶어 하고, 혐오하는 것은 피하고 싶어 하는 법이라는 것을. 동시에 얻고자 하는 것을 얻지 못하는 자는 불행하고, 피하고자 하는 것을 피하지 못하는 자는 비참하다는 것을. 자연에 반하는 것으로서 자신의 통제 안에 있는 것만 피하고자 한다면 그것에서 벗어날 수 있지만, 질병, 죽음, 가난까지도 벗어나고자 한다면 비참해질 수밖에 없다는 것을.

따라서 인간의 통제 안에 있지 않은 것은 결코 피하려 하지 마라. 자연에 반하는 것으로 인간의 통제 안에 있는 것만 피하려 하라. 그러나 얻고자 하는 의지는 당분간 손톱만큼도 갖지 마라. 인간의 통제를 넘어선 무언가를 얻고자 하면 반드시 불행해지기 마련이다. 또 이 경우 명예롭게 얻을 수 있는, 인간의 통제 안에 있는 것조차 놓치게 될 것이다. 실제로 그럴 필요가 있는 경우에만 얻고 피하되, 지나침 없이 신중하게 하라.

3

좋아 보이고, 쓸모있어 보이고, 사랑스러워 보이는 모든 것에 대해, 가장 하찮은 것에서 위대한 것에 이르기까지, 항상 다음 질문을 염두에 두라: "그 본성12)이 무엇인가?" 아끼는 술병이 있으면 술병 하나를 좋아한다고 말하라, 그러면 깨어지더라도 마음을 다치지 않을 것이다. 아이나 아내를 키스할 때는 한 인간을 키스한다고 생각하라, 그러면 이들에게 갑자기 죽음이 찾아오더라도 슬퍼하지 않을 것이다.

---

12) nature가 때로는 "자연"으로 때로는 "본성"으로 번역되었다. 앞 절의 "자연에 반하는"이라는 말은 사물의 "본성에 반하는"이란 말과 다르지 않다. 예를 들어, '태어나는 것은 반드시 죽는다(깨어진다)'는 무상(無常)의 법칙이 곧 사물의 자연성이자 본성이다. 우주법칙으로서의 자연 혹은 본성은, 그 준수로 나타나는 "덕"과 더불어, 금욕주의의 핵심 개념의 하나이다.

4

무언가를 하고자 할 때는 그 활동의 본질을 잘 기억하라. 목욕탕에 갈 때는 거기서 어떤 일이 일어날지를 먼저 상상해보라. 물을 튀기는 사람, 휘젓고 다니는 사람, 욕하는 사람, 훔치는 사람…. 그러나 처음부터 다음과 같이 생각하면 보다 편히 목욕에 임할 수 있을 것이다. "나는 목욕탕에 가서도 그곳의 본성에 어긋나는 기대를 하지 않을 것이다." 모든 행동에서 이런 식으로 생각하라. 그렇게 되면, 목욕 중에 분탕이 일더라도 다음과 같이 생각하기 쉬울 것이다. "나는 목욕만 바란 것이 아니라 내 기대가 그곳의 본성과 어긋나지 않기도 바랐다. 분탕 때문에 자제력을 잃는다는 것은 곧 그 본성과 어긋남을 의미한다."

5

사람의 마음을 어지럽히는 것은 사건이 아니라 그에 대한 생각이다. 예컨대, 죽음은 전혀 두려운 무엇이 못되는 것으로, 그랬다면 소크라테스도 그렇게 생각했을 것이다. 죽음은 결코 두려울 수 없는 것이, 죽음에서 두려운 것은 오직 그것이 두렵다는 우리의 생각뿐이기 때문이다.13) 그래서 일이 뜻대로 되지 않거나 심란하거나 괴로울 때는 절대 다른 사람들이 아니라 우리 자신을, 다시 말해 우리의 생각을, 비난하자. 자신의 불행을 두고 남을 비난하는 것은 수행이 안됐다는 징표요, 자신을 비난하는 것은 수행이 시작되었음을 의미하며, 자신도 남도 비난하지 않는 것14)은 수행이 완결되었음을 의미한다.

---

13) 쾌락주의자 에피큐러스(Epicurus)에 따르더라도 우리가 죽음을 두려워할 이유가 없는 것이, 우리가 살아있는 한 죽음은 오지 않고, 죽음이 온 이상 우리는 더 이상 살아있지 않기 때문이다.
14) 자연법칙의 일환임으로.

6

아무리 좋은 것도 자신의 것이 아니라면 우쭐해하지 마라. 말이 자기가 잘났다고 우쭐해하면 그래도 참을만하다. 그러나 당신이 "나는 멋진 말을 가졌어"라고 자랑한다면, 그 자부심의 근거가 다름 아닌 말 때문이라는 걸 명심하라. 그리고 자신의 것이라 할 수 있는 것이 과연 무엇인지를 반문해보라. 그 답은 물론, 현상을 대하는 자신의 자세15)밖에 없다는 것이다. 그 본성에 따라 현상을 대한다면16) 정말 자부심을 가져도 좋은 것이, 이 경우 자부심이 자기 것에 근거하기 때문이다.

---

15) 내 통제 안의 것인가 그 밖의 것인가. 내 것인가 내 밖의 것인가.
16) 멋진 말도 내 통제를 벗어나는 무엇으로, 언제든 다치고, 병들고, 죽을 수 있으며, 내 말보다 더 멋진 말이 언제든 나타날 수 있다.

7

여행 중 배가 정박하고 하선하여 마실 물을 찾다 보면, 도중에 조그만 조개나 귀한 버섯을 발견할 수도 있을 것이다. 그러나 반드시 배에 시선을 집중한 채, 선장이 부르는 경우를 대비하여 끊임없이 그 쪽을 주시하도록 하라. 그리고 선장이 부르면 모든 것을 버리고 배에 올라야지, 그렇잖으면 가축처럼 두 다리가 묶인 채 배위에 내동댕이쳐질 것이다.17) 인생도 다를 바 없다. 사랑스런 아내와 아이들이 주어졌다면, 조개나 버섯처럼, 그 자체로는 문제될 게 없다. 그러나 선장이 부르면 모든 것을 버리고 뒤도 돌아보지 않은 채 배로 돌아가야만 한다. 나이가 들면 배에서 멀리 떨어져서도 안되는 것이, 그래야 선장이 부를 때 어김없이 돌아갈 수 있기 때문이다.18)

---

17) 죽음을 발버둥쳐봐야 비참해지기만 할 뿐이다.
18) 인생은 잠시 짬을 낸 상춘객에 불과하다.

8

당신이 원하는 대로 일이 전개되기를 바라지 말고, 일이 자기 법칙에 따라 전개되기를 바라라.19) 그러면 마음의 평화가 멀지 않을 것이다.

---

19) 자연법칙의 준수가 금욕주의의 핵심이다. 금욕주의자들의 말대로, 수레에 끌려가는 것이 개의 운명(자연)이라면, 이끌림을 거부하기보다 기꺼이 수레와 보조를 맞추는 것이 현명한 행동이다.

9

병이 몸에는 방해가 되지만, 그렇게 생각하지 않는 한 생각에 방해될 수는 없다. 신체장애가 다리에는 방해가 되지만, 생각에 방해될 수는 없다. 비슷한 일이 있을 때마다 자신에게 이 점을 되뇌어라. 그러면 병이나 장애가 다른 것은 몰라도 당신 자신을 방해할 수는 없을 것이다.

10

어떤 일이 생기든 그 해결을 위해서 자신이 지닌 능력이 무엇인지를 항상 자문하라.[20] 매력적인 이성을 만나더라도 자제력을 발휘할 수 있을 것이고, 고통이나 폭언을 당하더라도 인내력을 발휘할 수 있을 것이다. 이런 것에 익숙해지면, 외양에 휘둘리는 일은 없을 것이다.

---

[20] 통제 밖의 일인지 안의 일인지를 항상 생각하라.

11

어떤 것에 대해서든 절대로 "그것을 잃어버렸어."라고 생각지 말고 "그것을 되돌려주었어."라고 생각하라. 아이가 죽었는가? 그 아이는 되돌아갔을 뿐이다. 아내가 죽었는가? 그녀 역시 되돌아갔을 따름이다. 재산을 뺏겼는가? "내 것을 빼앗아간 놈은 나쁜 놈이야"라고 할 것이지만, 이것 역시 되돌려준 것이 아닌가? 원주인21)이 그 사람을 통해 반환을 요청하는 것이 무슨 문제인가? 주인이 재산을 주면 잘 간수하되, 자기 것으로 착각하지는 마라. 여객이 여관을 대하듯 재산도 그렇게 대하라.

---

21) 자연.

12

고결한 삶을 향해 정진할 목적이라면 이런 생각을 버려라. "재산 관리를 소홀히 하면 먹고살 것이 없을 것이다." "하인22)을 벌하지 않으면 말을 듣지 않을 것이다." 재물이 풍부한 삶을 살면서 마음이 괴로운 것보다, 굶어 죽는 한이 있더라도 고통과 공포로부터 자유로운 것이 더 낫다. 자신이 비참해지느니 하인이 말을 듣지 않는 편이 더 낫다. 그러므로 소소한 일부터 시작하라. 기름접시를 엎질렀는가? 술병이 없어졌는가? 그러면 이렇게 생각하라. "이것은 욕망으로부터의 자유를 위해 치러야 할 대가이다, 이것은 마음의 평정을 위해 치러야 할 대가이다." 대가 없이는 아무것도 가질 수 없다. 하인을 부르더라도 못 들을 수 있고, 듣더라도 원하는 것을 해주지 못할 수도 있다는 것을 명심하라. 하인이 당신의 마음의 평정을 좌우할 정도의 위치에 있어서도 안된다.

---

22) P. E. Matheson의 역본에서는 "아들"이라 번역되어 있다.

13

정진할 요량이라면, 외적인 것에는 바보 숙맥이 되라. 남들이 유식하다고 생각해주기를 바라지도 말고, 누군가가 당신을 요인(要人)으로 생각하더라도 그것을 믿지 마라. 본성과 부합하기를 바라면서 동시에 외적인 것도 가지려 한다면 결코 쉽지 않다는 것을 알아야 한다. 어느 하나에 집중하면 다른 것은 소홀히 할 수밖에 없는 법이다.

14

자식이나 아내 혹은 친구가 영원히 살기를 바란다면 그것은 바보짓이다. 자기가 통제할 수 없는 것을 통제하기를 바라고, 자기 것이 아닌 것을 자기 것이기를 바라는 것과 같기 때문이다. 하인이 실수하지 않기를 바라는 것도 바보나 할 수 있는 염원으로, 악이 악이 아닌 다른 무엇이기를 바라는 것과 같기 때문이다. 그러나 욕망의 좌절을 겪고 싶지 않다면, 그 목적에는 도달할 수 있다. 자신의 통제 안에 있는 것만 바라는 훈련을 하면 되기 때문이다. 호불호를 좌우할 수 있고 그것을 마음대로 가지거나 멀리할 수 있는 사람이 곧 주인이다. 그러므로 자유[23]롭고자 한다면, 남에 의해 좌우되는 것은 원하지도 말고 피하지도 마라. 그렇잖으면 노예가 될 수밖에 없는 법이다.

---

23) 자유(自由)는 한자어로 자기한테서, 자기 안에서, 유래한다는 뜻이다.

15

언제나 연회장에 온 손님처럼 처신해야 한다는 것을 잊지 마라. 접시가 돌다가 당신 차례가 되면 손을 내밀어 먹을 만큼만 집어라. 지나가면 잡지 말고, 아직 오지 않았으면 초조해하는 대신 차례가 올 때까지 기다려라. 자식, 아내, 관직, 재물 등에 대해서도 이같이 행동하라, 그러면 언젠가 신들의 연회에 합류할 자격을 얻게 될 것이다. 그러나 당신 앞에 차려진 것을 잡는 대신 경멸한다면, 신들의 연회에 합류하는 정도가 아니라 그들의 통치 행위에 합류할 수도 있을 것이다.24) 그런 식으로 디오게네스와 헤라클리투스25) 등은 신처럼 대우받을 수 있었다. 그럴만한 자격이 있었던 것이다.

---

24) 통제를 벗어난 것에 단순히 초연한 정도가 아니라 그것을 적극적으로 멀리하는 사람은, 단순히 신의 호의를 받는 사람이 아니라 그 자신 가히 신이라 할 수 있다.
25) Diogenes the Cynic. 냉소주의자 디오게네스는 알렉산더 대왕에게 햇빛을 가리지 말고 비켜서라는 말을 한 것으로도 유명하지만, 벌건 대낮에 등불을 들고 정직한 사람을 찾아다닌 것으로도 유명하다. 주 4) 참조. Heraclitus of Ephesus. '아무도 같은 강물에 두 번 다시 들어갈 수 없다'는 말로 유명한 헤라클리투스는 저명한 집안의 태생이었지만 특권적 삶을 멀리한 철학자로 알려져 있다.

16

죽은 아이 때문에 혹은 잃어버린 재산 때문에 눈물을 흘리는 사람을 보더라도, 그 사람을 비참하게 만드는 것이 외부의 악이라 생각하는 우를 범하지 마라. 항상 이렇게 생각하라. "그를 괴롭히는 것은 사건이 아니라―사건이 사람을 괴롭힐 수는 없다―사건에 대한 판단이다." 그러므로 말로 그 사람을 동정하는 데 주저하지 말고, 경우에 따라서는 함께 슬퍼하는 것도 마다하지 마라. 그러나 안으로는 절대 슬퍼하지 않도록26) 주의하라.

---

26) 무상이라는 자연법칙이 운행된 결과이니, 슬퍼할 일이 못 된다.

17

당신은 연극의 배우에 불과하다는 것을, 그리고 그 연극의 자초지종은 극작가가 선택한다는 것을 명심하라. 그가 단극을 원하면 짧아지고, 장극을 원하면 길어진다. 그가 가난한 자의 역을 맡기더라도 당신은 최선을 다해 그 역할을 수행해야 한다. 장애인, 고관대작, 평민 등 어떤 역이 주어지더라도 그 역에 최선을 다해야 한다. 당신의 임무는 주어진 인물을 연기해내는 것, 그것도 잘 연기해내는 것이다. 그러나 배역의 선택은 다른 사람의 몫이다.

18

갈가마귀가 울어 흉조를 알려올 때, 겉모습에 흔들리지 말고 즉시 마음속으로 다음을 분명히 하라. "이들 전조는 나에게는 아무것도 아니다. 기껏해야 그것은 나의 몸뚱아리, 내 재산과 명예, 혹은 내 자식과 아내에 관한 것일 뿐이다. 그러므로 내가 원하는 한, 모든 전조는 내 편이 될 수 있다. 그 결과가 어떻든 그것을 나에게 좋게 만드는 것은 내 통제 안에 있기 때문이다."

19

자신의 힘으로 승리를 좌우할 수 없는 경쟁에는 절대 뛰어들지 마라, 그러면 아무도 당신을 무찌를 수 없을 것이다. 따라서 큰 명예나 권력을 얻고 평판이 좋은 사람을 보더라도 그 겉모습에 휩쓸리지 않도록 주의하라. 우리 통제 안에 있는 것이야말로 정말로 좋은 것이라면, 시기하거나 질투할 이유가 없기 때문이다. 따라서 고관대작이 되려는 대신 자유로워지려 하라. 여기서 자유에 이르는 길은 단 한 가지로, 우리 통제 안에 있지 않은 것은 경멸하는 것이다.

20

언어적 폭력이나 구타가 그 자체로는 전혀 분개할 것이 못되는 것으로, 분개할 것은 오히려 그것을 분개의 대상으로 보는 당신의 판단이다. 그러므로 누군가가 당신의 성을 돋우면, 당신을 성나게 한 것은 바로 당신의 생각이라는 점을 직시하라. 따라서 겉모습에 휘둘리지 않아야 한다는 것을 제일의 행동준칙으로 삼아라. 일단 시간적 여유를 얻고 나면, 자기통제가 한결 수월해질 것이다.

21

죽음이나 추방과 같은 끔찍한 일들을, 특히 죽음을, 하루도 빠짐없이 눈앞에 떠올려라. 그러면 저속한 것은 생각지도 않게 될 것이며, 정도를 벗어나는 것은 절대로 바라지 않게 될 것이다.

22

철학27)에 목표를 두었다면, 사람들로부터 조롱받을 각오도 동시에 하라: "저 인간을 보라, 갑자기 철학자가 되어 나타나다니. 저 거만한 모습은 또 어디서 배웠지?" 물론 절대 거만해서는 안된다. 그러나 신이 당신에게 부여한 지위를 확신하고 최선을 다하라. 당신의 길을 고수하면 처음에는 조롱하던 이들도 언젠가는 우러러볼 것이지만, 그들에게 굴복하면 이중으로 조롱받게 된다는 것을 명심하라.

---

27) 여기서 설파하고 있는 철학 즉 금욕주의 철학. 철학 philo-sophy의 자의는 '지혜를 추구하는' 것이다.

23

다른 사람의 평판을 의식하여 외적인 것에 마음을 주기 시작하면, 인생 여정을 망치게 된다는 점을 기억하라. 그러므로 항상 철학자가 되는 것으로 만족하라. 철학자로 인정받기를 바란다면 먼저 당신 자신에게 자신이 철학자임을 증명하라, 그러면 인정의 문제는 저절로 해결될 것이다.

24

이런 유의 생각으로 괴로워하지 마라, "나는 무명의 삶을 살아야 하고, 있으나 마나 한 존재가 될 것이다." 무명이 나쁜 것일지라도 남들 때문에 내가 나빠질 수는 없는 법이다—남들 때문에 내가 수치스러워질 수 없듯이.[28]

관직을 얻고 향연에 초대받는 것이 당신의 본무인가? 결코 아니다.

그렇다면 당신이 말하는 무명이 도대체 어떻게 가능한가? 오직 당신의 통제 안에 있고 그래서 최고로 가치있는 것에서만 존재감을 찾는다면, 어떻게 당신이 "있으나 마나 한" 존재가 될 수 있는가?

"그렇지만 내 친구들에게 도움을 줄 수 없잖은가?"

"도움을 줄 수 없다"는 게 도대체 무슨 말인가? 당신은

---

[28] 명예와 같이 외적 요인(타인)에 좌우되는 것은, 내 "통제"를 벗어나 있는 것이고, 따라서 좋고 나쁨의 대상이 될 수 없다. 수치 여부도 내가 판단할 문제이지, 남들의 판단에 휘둘릴 문제가 아니다.

그들에게 돈을 줄 수도 없고 그들을 로마시민으로 만들어줄 수 있는 위치에 있지도 않다. 이런 것들이 남들에 의해 좌우되는 것이 아니라 당신의 통제 안에 있는 것이라고 누가 말했는가? 누가 자신이 갖고 있지도 않은 것을 남에게 줄 수 있단 말인가?

"돈을 좀 벌어 가지는 것도 괜찮지 않은가."

돈을 벌고도 여전히 자긍심이나 진정성, 관대함 등을 지킬 수 있는 비결이 있다면 나도 그것을 벌고 싶다. 그러나 좋지 못한 것들을 얻기 위해 내 통제 안에 있는 좋은 것을 버리라고 한다면, 그것은 얼마나 부당하고 어리석은 충고인가. 당신이라면 믿을만한 자긍심있는 친구와 재화 중 어느 쪽을 택하겠는가? 그러므로 이런 좋은 것들을 간직하도록 도와주되, 그것을 잃을 행동은 누구한테도 기대하지 마라.

"그러나 국가에 도움이 될 수 없을 텐데."

다시 한번 묻건대, 무슨 도움 말인가? 국가가 당신한테서 현관이나 욕조를 기대할 수는 없지 않는가. 이게 무슨 말인가? 국가가 대장장이한테서 신발을 기대할 수 없고, 제

화공한테서 무기를 기대할 수 없다는 말이지. 각자가 자기 기능에 충실하면 국가로서는 더 바랄 게 없다는 것이다.29) 국가를 위해 또 한 명의 충직하고 겸손한 시민을 확보해준 셈인데도, 당신은 국가를 위해 아무것도 한 일이 없다는 말인가?

"그것은 아니지만."

그렇다면 당신은 국가에 쓸모없을 수가 없는 법이다.

"그렇다면 국가에서 내가 차지할 자리는 무엇인가?"

자긍심과 진정성을 유지하면서 차지할 수 있는 자리라면 무엇이든 좋다. 그러나 조국을 이롭게 하기 위해 이런 것들을 잃어야 한다면, 부끄러움도 모르고 믿을 수도 없는 당신이 조국을 위해 줄 수 있는 이득이 무엇이겠는가?

---

29) 이것이 플라톤의 정의론 혹은 도덕론이기도 하다.

25

당신보다 먼저 향연에 초대받고, 먼저 영접받고, 먼저 주인과 담소할 기회가 주어진 사람이 있는가? 이런 것들이 좋은 것이라면 그가 그런 대접을 받은 것을 기뻐하라. 그러나 좋지 못한 것이라면 당신이 그런 대접을 받지 못했다고 성낼 이유가 어디 있겠는가. 이 점을 기억하라, 당신의 통제 안에 있지 않은 것을 얻고자 하면서도 다른 사람들과 같이 행동하지 않는다면, 그들과 같은 보상을 얻을 수 없다는 점을. 위인의 문간을 서성거리지도 않고, 그를 수행하지도 않고, 그에게 아첨하지도 않는 사람이, 어떻게 그렇게 하는 사람들과 같은 대접을 받을 수 있단 말인가. 이런 특권을 대가도 치르지 않고 공짜로 얻고자 한다면 당신은 부당하고 탐욕스런 사람일 뿐이다. 상추30)의 값이 얼마인가? 오천원31)인가? 상춧값을 치른

---

30) 상추는 그리스 로마 시대에 주요한 채소의 하나로, 코스요리의 에피타이저로 쓰이기도 하였다고 한다. 여기서는 상추를 애피타이저로 시작하는 코스요리를 의미하는 것으로 이해해도 좋을 것이다. Cf. *The Independent Asia* (Sept 17, 2011), Lettuce by Christ Hirst.
   https://www.independent.co.uk/life-style.
31) 상추가격에 해당되는 one obol은 미화로 4~5달러 정도 된다고 한다.

사람이 그에 해당하는 상추를 얻고 값을 치르지 않은 당신이 그것을 얻지 못했다면, 당신이 사기당했다고 할 수는 없잖은가. 그는 상추를 가졌지만 당신은 아직 오천원을 갖고 있지 않은가. 어떤 행위에도 이와 같은 원칙이 적용된다. 향연에 초대받지 못했다고? 그것은 당신이 주인에게 저녁값을 치르지 않았기 때문이다. 주인은 찬사를 받거나 주목을 받는 대가로 저녁을 제공하는 것이다. 당신에게 득이 된다면 주인에게 대가를 지불하라. 그러나 저녁은 대접받고 싶고 대가는 치르고 싶지 않다면, 그 무엇도 어리석은 당신을 충족시킬 수 없을 것이다.

그렇지만 만찬을 포기한 대가로 얻는 게 무엇인가?

물론 당신은 얻는 게 있다. 당신은 아첨하고 싶지 않은 사람에게 아첨하지 않아도 되고, 그 주위에 괴는 인간들을 견디지 않아도 되잖은가.

26

모두가 의견의 일치를 보이는 것으로부터 우리는 "자연"32)의 의지를 읽어낼 수 있다. 예컨대, 누군가의 시종이 주인의 컵을 깨뜨렸다면 우리는 즉시 "그럴 수 있지."라는 반응을 보일 것이다. 그렇다면, 당신의 컵이 깨진 경우에도 이웃의 컵이 깨진 경우와 같은 반응을 보여야 한다는 점을 명심하라. 그리고 보다 중요한 일에도 같은 원칙을 적용하라. 다른 사람의 자식이나 아내가 죽었는가? 우리는 누구라도 "그건 인간의 운명이지."라는 반응을 보일 것이다. 그러나 자신의 자식이나 아내가 죽는 경우 우리는 "어떻게 나에게 이런 일이!"하며 비통해하기 십상이다. 그러나 우리는, 같은 처지를 당한 다른 사람에 관한 얘기를 들었을 때 우리의 감정이 어떠했는지를 기억하지 않으면 안된다.

---

32) 혹은 본성. 주 12) 참조.

27

과녁의 존재 이유가 사람들이 그것을 맞추지 못하도록 하기 위한 것이 아니듯이,33) 세상에는 근본적으로 악한 것이 없다.

---

33) 맞추지 못하기 위한 과녁은 일종의 악으로, 그런 악을 상상하기 어렵듯, 세상에는 근본적으로 악의 존재를 상상하기 어렵다.

28

누군가가 처음으로 마주친 사람에게 당신의 신체를 주어 버린다면 당신은 분노할 것이다. 그러나 당신이 우연히 마주친 사람에게 당신의 마음을 맡겨버린 후 그가 당신을 홀대할 때, 성내고 괴로워한다면 이는 부끄러워할 일이 아닌가?34)

---

34) 외적 요인에 의해 휘둘리면, 마음의 평정은 불가능하다.

29

어떤 일을 하든 그 선행조건이 무엇이고 그 결과가 무엇일지를 생각하고 시작하라. 그렇찮으면 처음에는 열정적으로 시작한 일도, 결과에 관한 생각 미비로, 그 후 곤란과 마주하게 되었을 때 불미스럽게도 중도에 포기하기 쉽다. 올림픽 게임에서 이기고 싶은가? 누가 그렇지 않겠는가, 올림픽 우승은 대단한 것이니까. 그렇지만 먼저 그 승리에 이르는 길을 생각해보고 그 결과를 생각해보라, 그리고 나서 그 일에 착수하라. 모든 것은 규칙에 따라야 하고, 먹는 데 절제해야 하며, 단 것을 멀리하고, 추위 더위를 가리지 않고 정해진 시간에 엄격한 훈련을 받아야 하며, 마음대로 냉수나 술을 마셔서도 안된다. 의사에게 그러하듯 트레이너에게 전적으로 몸을 맡겨야 하며, 경기에 들어가서는 내동댕이쳐질 수도 있고, 손목이나 발목을 다칠 수도 있으며, 흙먼지를 마시고 때로 채찍을 맞을 수도 있지만, 결국은 패할지도 모른다는 각오를 해야 한다. 이 모든 것을 생각해본 후에도 여전히 원한다면 경기에 들어가라. 그러나 생각없이 행동한다면, 어느 날 레슬링 선수 놀이를 하다가 다음 날 검투사 놀이를 하고, 또 어느 날은 트럼펫 주자 놀이를 하다가 그 다음 날 연극 놀이를 하는 아이와 다를 바 없게 될 것이다. 아이처럼 당신도 한때는 육상선수가 되었다가 다른 때는 검투사가 되고 웅변가가 되었다가 또 어떤 때는 철학자가 되고 하겠지만 어느 하나도 온전하게 이루지는 못할 것이다. 원숭이처럼 보이는 모든 것을 모방하며 이리저리 기웃거릴 것이다. 어떤 일을 하든 다각적으로 검토해본 후 착수해야 하건만 별 생각없이 건성으로 임하게 될 것이다. 이같이 사람들은 철학자를 만나 유프라테스35)처럼 말하는 것을 듣게 되면 (누가 유프라테스처럼 말할 수 있겠는가마는) 자기 자신 철학자가 되었으면 하는 생각을 하기도 하는 것이다.

그러나 먼저 당신이 하고자 하는 바가 무엇인지 곰곰이 생각해보라. 다음으로 자신의 자질을 점검해보고, 과연 그 일을 견딜 수 있는지 생각해보라. 5종 경기 선수 혹은 레슬링 선수가 되고 싶은가? 당신의 팔, 다리, 허리를 살펴보라. 사람은 각기 다른 임무를 위해 태어나는 법이다. 그 일을 하게 되면 현재와 같은 삶을 살 수 있을 것으로 생각하는가? 지금같이 먹고 마실 수 있고, 이전과 같은 호오를 지킬 수 있다고 생각하는가? 밤을 지새야

---

35) 달변으로 유명한 금욕주의자.

할 수도 있고, 고된 일을 견뎌내야 하며, 친지들로부터 떠나 있어야 하고, 노예로부터 업신여김을 받는 등 만나는 사람들로부터 조롱당하고, 명예, 공직, 법정 등 모든 면에서 푸대접을 받을 수도 있다. 마음의 평화, 자유, 평정을 위해 이 모든 것을 희생할 수 있는지를 생각해보라. 자신 없으면 아예 철학을 가까이하지 마라. 아이들처럼, 처음에는 철학자가 되었다가 나중에 세리[36]가 되고 다시 웅변가가 되었다가 시저의 행정관이 되는 등 변덕을 부리지 마라. 이들은 서로 이질적인 일들이다. 좋든 싫든 당신은 한결같은 사람이어야 한다. 지배 원리[37]를 연마하든 아니면 외적인 것[38]을 연마해야 한다. 내면을 연마하는가 아니면 외면을 연마해야 한다. 다시 말해, 철학자와 세속인 사이를 선택하지 않으면 안된다.

---

36) 세금을 징수하는 관리.
37) 내 통제 안에 있는 것만 자유의 원천이 된다.
38) 명예, 관직, 부.

30

행위의 적절성 여부는 일반적으로 관계에 의해서 정해진다. "저 사람은 내 아버지다."는 관계가 성립되면, 당신이 그를 돌보아야 한다는 것을 의미하고, 모든 면에서 그에게 양보해야 한다는 것을 의미하며, 심한 말을 듣고 맞더라도 참아야 한다는 것을 의미한다.39)

"그렇지만 그는 나쁜 아버지가 아닌가."

당신이 좋은 아버지를 만나야만 한다는 법칙이 어디에 있는가? 자연법칙은 당신이 아버지를 만난다는 것뿐이다.

"내 형제가 나에게 잘못하고 있어."

그렇더라도 그와의 관계를 직시할 필요가 있다. 그가 어떤 행동을 하는가를 생각지 말고, 자연의 법칙을 따르기 위해 당신이 무엇을 해야 하는지만 생각하라. 아무도 당신의 동의없이 당신을 해칠 수는 없기 때문이다. 당신이

---

39) 로마법에 따르면, 아버지는 자식을 매질하고, 굶기고, 심지어는 죽일 수 있는 권한도 있었다고 한다.

해침을 당한다고 생각할 때만 당신을 해할 수 있기 때문이다. 이웃이나 일반시민 혹은 관리와의 관계에 대해서도 이런 식으로 성찰하는 습관을 기르게 되면, 당신이 이들에게 취할 적절한 행위가 무엇인지를 알 수 있을 것이다.40)

---

40) Oates와 White의 번역에서는 이 문장을 '이웃, 시민, 관리로부터 기대할 행위'란 뜻으로 번역하고 있으나, 본 역자는 Higginson의 번역처럼 '이웃, 시민, 관리에게 취할 행위'(부모나 형제에게 취하듯)로 번역하는 것이 문맥에 더 맞다고 보았다.

31

신에 대한 경외심의 본질은 신을 바로 이해하는 데서 오는 것으로, 신은 존재할 뿐 아니라 모든 것을 공정하고 완벽하게 다스린다는 것을 믿어야 한다. 그리고는 어떤 일이 일어나든 그것은 가장 현명한 판단에 의해 일어난다고 믿고 자발적으로 따르는 등 신에게 복종하는 일을 철칙으로 삼아야 한다. 그렇게 되면 당신은 신을 비난할 일이 절대 없을 것이며, 당신을 소홀히 하고 있다고 헐뜯을 일도 없을 것이다.

이런 신앙에 이르려면, 당신의 통제 안에 있지 않은 것에 대해서는 마음을 비우고 통제 안에 있는 것에 대해서만 선악을 판단해야 한다. 통제 안에 있지 않은 무엇을 두고 좋다거나 나쁘다고 생각하면, 원하는 것을 얻을 수 없을 때나 원하지 않는 것을 마주할 때 그 원인이 되는 존재를 비난하고 증오하는 것은 불가피하기 때문이다.

모든 존재는 그 본성상, 해로워 보이거나 그 원인이 되는 것을 싫어하여 피하게 되어 있고, 이로워 보이거나 그 원인이 되는 것을 좋아하여 추구하게 되어 있다. 해를 입었다고 생각하는 사람이 그 해를 끼쳤다고 생각되는 사람을 좋아한다는 것은 그 상해 자체를 좋아하는 것만큼이나 말이 되지 않는다. 그래서 좋아 보이는 것을 나누어 주지 않는다고 아비를 욕하는 자식이 나오게 되는 것이다. 형제인 폴리니세스와 에티오클레스41)가 서로 적이 된 것도 그 둘에게 왕좌가 좋은 것으로 보였기 때문이다. 그런 식으로 농부, 선원, 상인,42) 혹은 처자를 잃은 자들이 신을 욕하게 되는 것이다. 이익이 있는 쪽으로 경외심이 발동되기 마련이기 때문이다. 그러므로 얻고자 하는 의지와 피하고자 하는 의지를 바로 관리하는 사람은 신앙심에도 독실하게 된다.43)

어쨌든 조상이 그래왔듯, 축배와 제물 및 햇과일을 바쳐라. 그러나 너저분하게도, 너무 인색하거나 과하게도 하지 말고, 정갈하게 하라.

---

41) 그리스 신화에 나오는 오이디푸스(Oedipus)의 두 아들로, 왕좌를 두고 다투다 사망하였다.
42) 농부가 농사 중 큰 홍수 피해를 입는다거나, 선원이 항해 중 파선을 당한다거나, 상인이 장사 중 큰 사기 피해를 당하는 경우와 같은 곤경에 처할 때, 각각 신을 원망하게 되는 현상을 두고 하는 말로 보인다.
43) 신이 자연 혹은 필연과 사실상 동일시된다. 신의 존재를 인정하면서도(사회적 압력이 두려워) 인간과는 무관함을 주장한 에피쿠러스도 사실은 신의 존재를 부정했다는 해석이 있다.

32

점을 봐야 하는 경우44), 항상 이 점을 기억하라. 결과가 어떻게 나올지 모른다는 것과 그래서 예언가를 찾아왔다는 것을. 또 예언가를 찾아오기 전 당신은 이미 점이 어떤 성질의 것인지 알고 있었다는 점을 기억하라―적어도 당신이 철학자적 자세가 된 사람이라면. 당신의 통제 안에 있는 것이 아니라면 그 어떤 것도 좋은 것일 수도, 나쁜 것일 수도 없기 때문이다. 그러므로 예언가를 찾아갈 때는 갖고 싶은 마음도, 피하고 싶은 마음도 모두 버려라, 그렇잖으면 그 앞에서 불안감을 떨칠 수 없을 것이다. 그러나 이 점을 먼저 분명히 기억하라. 어떤 사건도 당신과는 무관하고 그래서 당신에게는 아무것도 아니라는 것을. 그 사건을 바로 활용하는 것은 당신의 통제 안에 있고 그 누구도 그 활용을 방해할 수 없기 때문에. 그러므로 자신있게 신의 조언을 구하라. 그리고 조언을 받은 후에는 조언가가 어떤 존재인지를 그리고 그 조언을 거역하는 경우 누구의 조언을 무시하는 것인지를 기억하라. 소크라테스의 생각처럼, 아무리 생각해보아도, 이성

---

44) 고대 그리스의 점은 델파이 신전과 같은 신전에 가서 신탁을 통해 신(아폴로)의 조언을 구하는 것이었다.

이나 어떤 인간의 기술로도, 당면한 문제를 해결할 수 있는 기미가 보이지 않을 때만 점을 보러 가라. 그러므로 위기에 처한 친구나 조국과 함께 하는 것이 우리의 도리일 때, 그 위험을 함께 할지 말지 신탁45)의 조건을 구한다는 것은 해서는 안될 일이다. 신탁이 상황이 좋지 않다는 조언을 하더라도, 그것은 기껏해야 죽음이나 장애 혹은 추방을 예언하는 것에 불과하기 때문이다. 그러나 우리가 이성적 존재인 한, 그런 위험에도 불구하고, 우리의 친구와 조국의 곁을 지키지 않으면 안된다. 그러므로 죽음으로부터 친구를 지켜주지 못한 한 인간을 신전 밖으로 던져버린 위대한 델파이 신탁을 주목하라.

---

45) 신전에서 신의 의중을 전해주는 사람. 예언가.

33

혼자 있을 때 혹은 다른 사람들과 함께 있을 때 지켜야 할, 행동규범과 원칙을 정하는 것으로 수양을 시작하라.

가급적 침묵하라, 그리고 꼭 말해야 하는 경우 말수를 적게 하라. 상황상 대화에 참여해야 하는 경우에도 일상적 주제는 피하라. 검투사, 경마, 운동경기, 음식, 음주와 같은 저속한 대화 주제는 피하고, 특히 사람을 비난하거나 칭찬하고 비교하는 짓은 그만두라. 할 수 있으면 함께하는 대화 주제가 본질적 주제로 넘어가도록 애쓰라. 모르는 사람들과 함께라면 아예 침묵하는 것이 좋다.

자주 웃지도 크게 웃지도 마라.

절대적으로, 혹은 가능하면, 증인석에 서지 마라.[46]

대중적 저속한 오락은 피하라, 그러나 피할 수 없는 경우라면 모르는 사이에 저속함에 빠져들지 않도록 예의 주시하라. 아무리 순수한 사람이라도 사귀는 사람이 나쁘면 덩달아 나빠지기 마련이다.

---

46) 남의 시비에 끼어들지 마라.

고기, 술, 옷, 집, 수행원 등, 몸뚱아리를 위해 절대적으로 필요한 것 외에는 절대 가지지 마라. 과시나 사치의 낌새가 나는 것은 모두 버려라.

혼전에는 법도에 벗어나게 여자들과 사귀는 일이 없도록 항상 조심하라. 그러나 사귀게 되더라도 그들에게 인색하거나 가혹하지 마라. 자신은 다른 사람들과는 다르게 행동한다고 자랑하지도 말아야 한다.

누군가가 당신을 헐뜯는다는 얘기를 들으면 그것을 두고 변명하지 마라. 대신, "그 사람은 나의 다른 결점은 모르고 있군, 그렇지 않다면 그 얘기만 했을 수는 없지."라는 식으로 반응하라.

대중적 경연대회에는 가지 않는 것이 좋다. 그러나 가게 되더라도 당신 자신이 아닌 무엇에 마음을 둔 것처럼 보이지는 마라. 사안이 자연의 섭리대로 전개되기만을 바라고, 가장 뛰어난 사람이 승리하기만을 바라야 한다. 그렇게 되면 당신을 어지럽히는 일은 절대 일어나지 않을 것이다. 그러나 환호와 야유와 같은 격정적 정서는 전적으로 피해라. 귀가한 후에는 이미 지나간 것에 대해, 당신의 수양에 도움에 되지 않는 한, 가급적 말하지 마라. 그런 말을 하면 당신이 겉모습에 현혹된 것처럼 보일 뿐이다.

강연회에도 함부로 가지 마라. 그러나 가더라도 근엄과 존엄은 지켜야 한다. 다른 사람들을 불편하게 하는 행위도 피해야 한다.

누군가를 만날 때는, 특히 저명인사를 만날 때는, "이 경우 소크라테스나 제논47)은 어떻게 처신했을까?"라고 생각하라. 그러면 행동에 흔들림이 없을 것이다.

요인을 만나러 갈 때는 다음과 같은 생각을 하고 가라. 집에 없을지도 모른다, 면전에서 문을 닫을지도 모른다, 문 닫는 소리가 귀에 크게 거슬릴지도 모른다, 눈길조차 주지 않을지도 모른다. 이런 상황에서도 꼭 갈 필요가 있으면 가되, 어떤 일이 벌어지든 인내하라. 그러나 절대 "그럴만한 가치가 없었어."라는 생각은 하지 마라. 그것은 저속한 생각으로, 외양에 좌우되는 사람들이나 하는 생각이다.

다른 사람들과 함께 있을 때, 자신의 행동이나 모험을 장황하게 늘어놓는 행위는 피해라. 당신이 겪은 모험을 애

---

47) 금욕주의학파의 창시자 Zeno of Citium, Cyprus. 토끼가 앞선 거북이를 따라 잡을 수 없다는 역설로 유명한 제논(Zeno of Elea)과는 다른 사람이다.

기하는 것이 당신 자신에게는 즐거운 일일지 모르나, 듣는 사람에게는 그렇게 즐겁지 않기 때문이다. 좌중을 웃기려는 노력도 피해라. 저속함에 빠지기 쉽고, 사람들도 당신을 낮추어 보기 때문이다. 저속한 언행을 가까이하는 것도 위험하다. 이런 일이 벌어지면, 상황이 허락하는 한 그런 말을 하는 사람을 나무라고, 아니면 침묵, 정색, 찌푸림 등으로 그 말이 거슬린다는 점을 드러내라.

34

다른 외양의 경우도 그렇지만, 쾌락과 마주할 때는 그것에 휩쓸리지 않도록 조심하라. 잠시 숨을 고르고 유예의 시간을 가져라. 그리고는 두 가지 경우를 생각해보라. 쾌락에 탐닉하는 경우와, 탐닉한 후 후회하고 자책하는 경우를. 그리고는 쾌락을 멀리했을 때 갖게 될 희열과 뿌듯함을 이와 대비시켜 보라. 합당한 쾌락으로 보이더라도 그 달콤함과 유혹에 압도당하지 않도록 조심하라. 반대로, 쾌락과 싸워 이긴다는 생각이 얼마나 더 멋진 것인지를 상상해보라.

35

반드시 해야 할 일이라 판단되어 하는 일이라면, 남이 보지 않을까 숨지 마라. 세상이 비난하더라도 개의치 마라. 정당한 행위가 아니라면 피해야 하지만, 정당하다면 잘못된 비난을 하는 이들을 두려워할 이유가 어디 있겠는가?

36

"지금은 낮 아니면 밤이다"는 말은 성립해도 "낮인 동시에 밤이다"는 말은 성립하지 않듯이, 연회에서도 같은 관계가 성립한다. 음식을 많이 차지하는 것이 몸에는 좋을지 모르나, 연회장의 사회적 품격 유지에는 좋은 것이 못된다. 그러므로 사람들과 식사를 같이 할 때는, 앞에 차려진 음식의 육신적 가치만 생각지 말고 주인에 대한 체면도 생각하라.

37

자신의 능력을 벗어나는 역할을 고집하면, 모자라는 성과로 면목을 잃을 뿐 아니라, 더 잘 할 수 있었을 다른 역할을 소홀히 하게 되는 결과를 초래한다.

38

산책을 할 때는 못에 찔리거나 발목을 삐지 않도록 주의해야 하듯이, 언제나 당신의 지배 원리에 역행하지 않도록 주의하라. 모든 경우 이 점을 경각한다면, 어떤 일에든 보다 안전하게 임할 수 있을 것이다.

39

발이 신발의 척도가 되듯, 몸이 소유의 척도가 된다. 이 원리에 충실하면 절도를 지킬 수 있지만, 이를 넘어서면 결국 낭떠러지로 떨어지게 될 것이다. 신발의 척도가 발이라는 사실을 망각하게 되면, 금칠한 신발을 갖게 되다가 급기야는 수놓은 자색 귀족 신발을 갖게 되는 것과 같다.48) 일단 척도를 넘어서면 그 이탈에는 끝이 없기 때문이다.

---

48) 에피쿠러스의 "자연적이지만 불필요한" 욕구를 생각나게 하는 대목이다.

40

여자가 열네 살이 되면 남자들이 숙녀라는 이름으로 아첨하기 시작한다. 남자들에게 즐거움을 주기 위한 존재라는 인식이 들면서 그들은 치장하기 시작하고 거기에 모든 것을 건다. 그러므로 덕을 갖추고 겸손할 때만 여자들이 대접을 받을 수 있다는 생각이 들도록, 행동에 주의할 필요가 있다.

41

과하게 먹고 마시고 운동하는 등, 신체와 관련되는 일로 시간을 많이 보내는 것은 지성이 부족하다는 징표가 된다. 이런 일은 부수적으로 해야 하는 것으로, 주된 노력은 이성에 가 있어야 한다.

42

누군가가 당신에게 못된 행동을 하거나 험담을 하면, 그렇게 하는 것이 그 사람에게는 옳다고 생각되기 때문이라는 점을 기억하라. 그로서는 당신에게 옳아 보이는 것이 아니라 자신에게 옳아 보이는 것을 따를 수밖에 없는 것이다. 여기서 그의 생각이 잘못되었다면 상처받을 이는 바로 그인 것이, 그 자신 기만의 희생물이기 때문이다. 진의 명제를 위라고 생각하는 사람이 있다면 명제가 다치는 것이 아니라 그 사람이 기만당하는 것과 같다. 이 원리에 입각하면 당신은 당신을 욕하는 사람에게도 관대할 수 있는 것이, 어느 때나 "그 사람에게는 그렇게 보이는 거지"라고 생각하기 때문이다.

43

모든 일에는 두 개의 손잡이, 즉 잡고 돌릴 수 있는 손잡이와 그렇지 못한 손잡이가 있다. 형제가 부당하게 행동하면 부당이라는 손잡이를 잡지 말고(그래서는 돌릴 수 없다) 그 반대의 손잡이 즉 당신과 함께 자란 형제라는 손잡이를 잡아라. 그래야만 그것을 돌릴 수 있다.

44

"나는 당신보다 부유하다. 그러므로 나는 당신보다 우위에 있다."거나 "나는 당신보다 언변이 좋다. 그러므로 나는 당신보다 우위에 있다."는 식의 추론은 정당하지 않다. 정당한 추론은 오히려 "나는 당신보다 부유하다. 그러므로 나의 재물이 당신 재물보다 많다."거나 "나는 당신보다 언변이 좋다. 그러므로 내 말주변이 당신 것보다 낫다."와 같은 것이다. 그러나 문제는 당신은 재물도 언변도 아니라는 것이다.49)

---

49) 나는 나의 '역할' 수행이다. 그 결과 부수적으로 생기는 재물이나 명성은 나의 통제를 넘어서는 것으로, 그러므로 내가 아니다.

45

누군가가 서둘러 목욕하면 서둘러 한다고 하지, 잘못한다고 하지 마라. 누군가가 술을 많이 마시면 많이 마신다고 하지 잘못 마신다고 하지 마라. 그 동기를 잘 모르는데 어떻게 잘못했다고 할 수 있겠는가? 이런 식으로 하면 충분한 이해 없이 외양에 현혹되는 일은 없을 것이다.

46

어떤 경우에도 자신을 철학자라 하지도 말고, 무리 사이에서 철학 원리를 얘기하지도 말라. 대신 원리를 행동으로 보여주라. 이같이 연회에서 어떻게 먹을지를 설교하지 말고 그렇게 먹어라. 이 점을 기억하라, 소크라테스는 외화(外華)에서 완전히 벗어난 결과, 사람들이 자기를 찾아와 철학자에게 소개해 달라고 했을 때도 군말 없이 데리고 가서 소개해 주었다는 것을. 무시당하고도 개의치 않았다는 점을. 무리 사이에서 철학 원리를 두고 논란이 있더라도 대개는 침묵하라. 소화도 되지 않은 내용을 서둘러 토해낼 위험이 크기 때문이다. 누군가가 당신이 무지하다 하더라도 마음이 상하지 않으면, 당신은 정말 철학에 입문했다고 할 수 있다. 양(羊)이라면 얼마나 많이 먹었는지 증명하기 위해 목동에게 먹이를 던지지는 않는다. 대신 먹이를 안으로 소화한 후 밖으로 양유와 양모의 형태로 품어낸다. 이같이 무리 앞에서 철학 원리를 과시하지 말고 소화된 원리를 행동으로 보여주라.

47

검소한 삶을 살기로 했으면 그것을 떠벌리지 마라. 물을 마실 때도 "나는 물을 마신다."50) 하고 마시지는 마라.51) 극기 훈련을 하려면 혼자서 하지 바깥사람들이 보라고 하지는 마라. 그런 식으로 동상을 끌어안지는 마라.52) 갈증이 심할 때는 찬물을 한 모금 머금었다가 뱉어내어라. 그러나 아무에게도 그 말을 하지는 마라.

---

50) '사치스러운 술을 멀리하고 물만 마시는 검소한 사람'이란 뜻으로 보인다.
51) Higginson 번역본에서는 다음 문장이 뒤 따른다. "우선 가난한 사람들은 우리보다 훨씬 검소하고, 우리보다 훨씬 곤경을 인내할 줄 안다는 점을 기억하라."
52) 냉소주의자 디오게네스는 극기 훈련차 추운 겨울에 알몸으로 야외 동상을 안았다고 한다. 남에게 보이려는 의도가 있었던 것으로 보인다.

48

저속한 사람의 징표는 득실의 원인을 자기 안에서 찾는 대신 밖에서 찾는다는 데 있다. 철학자의 징표는 득실의 원인을 언제나 자기 안에서 찾는 데 있다.

철학자로서 성장하고 있다는 징표는 어느 누구도 비난도 칭찬도 하지 않는다는 데 있다. 자신이 대단한 인물인 것처럼, 많이 아는 것처럼, 말하지도 않는다. 일이 잘 안되어도 그 허물을 자신한테서 찾는다. 좋은 말을 들으면 가만히 미소짓고, 비난받더라도 변명하지 않는다. 회복 중인 환자가 완전히 회복될 때까지는 거동에 신중을 기하듯, 이런 식으로 만사에 신중한다. 가지려는 마음도 버리고, 피하려는 마음도 본성에 반하는 것으로 통제 안에 있는 것에만 국한하는 등, 만사에서 욕망을 줄여나간다. 무식하고 우둔해 보이더라도 개의치 않는다. 요컨대 매복 중인 적군을 경계하듯, 항상 스스로를 경계한다.

49

누군가가 크라이시퍼스53)를 잘 해설할 수 있다고 자랑하면 이렇게 생각하라. "크라이시퍼스의 글이 애매하지 않았다면 그가 자랑할 것도 없었을 것을."

내 목표가 무엇인가? 자연(본성)을 이해하고 따르는 것이 아닌가. 누가 자연을 잘 설파하는지 주변에 탐문한 결과 크라이시퍼스라는 것을 알았고, 그래서 그의 책을 접한다. 그렇지만 이해가 잘 안된다. 그래서 그의 책을 잘 해설해줄 사람을 찾는다.

여기까지는 내가 자랑스러워할 만한 게 없다. 해설가를 만난 후가 문제로, 그의 가르침을 행동으로 옮겨야 한다는 문제가 남는다. 이것만이 내가 자랑할만한 것이다. 그 대신 해설에만 감탄한다면, 내가 철학자가 아닌 문법가54)—호머 대신 크라이시퍼스 문법가이긴 하지만—라는

---

53) 크라이시퍼스(Chrysipuss, c280-207bc)는 제논(Zenon)과 클리앤시스(Cleanthes)를 뒤이어 스토아학파의 수장을 지낸 그리스 금욕주의 철학자로, 지금은 유실되고 없지만 당대에는 상당히 인기를 끌었던 저작을 남겼는데, 정통 금욕주의 철학의 해석의 권위자로 받아들여졌다고 한다.

말밖에 되지 않는 것이 아닌가. 누군가가 나에게 크라이시퍼스를 해설해달라고 했을 때, 내가 그의 가르침에 부응하는 행동까지 보여주지 못하면 부끄러워해야 할 일이 아닌가.55)

---

54) 헬레니즘 시대에는 고전을 해석, 해설, 비평하는 사람들을 주로 가리킨다.
55) 크라이시퍼스가 금욕주의자 중에서 이론 쪽에 치우친 사람이라면 에픽티터스는 실천을 중시하는 사람이다. 여기서는 크라이시퍼스의 이론이 뛰어나다 하더라도 그것이 실천되지 못하면 소용이 없다는 점을 피력하려 한 것으로 보인다.

50

어떤 행동 원리를 채택하든56) 그것을 하나의 법칙으로 고수하고, 위반하면 신성모독에 해당되는 것으로 생각하라. 그리고 남이야 뭐라 하든 개의치 말라, 당신의 통제를 넘어서는 영역이기 때문이다.

---

56) N. P. White는 이 부분을 "어떤 과제가 주어지든"이라 번역하고 있다.

51

당신이 최상의 무엇을 추구할 자격이 있다는 점을, 절대이성의 명령57)에 반하지 말아야 한다는 점을, 언제까지 못 본 체할 것인가? 당신은 따르지 않으면 안될 철학적 가르침을 받았고 또 그것을 따르기로 하였다. 그런데도 어떤 스승을 더 기다릴 것인가? 그가 올 때까지는 수양을 미룰 참인가? 당신은 더 이상 어린애가 아닌 다 자란 어른이다. 오늘내일하며 수양을 계속 연기하고 게으름을 피우면, 사는 동안 진전도 없이 결국 저속한 인간으로 죽어갈 것이다. 그러므로 더 늦기 전에 다 자란 어른으로 살겠다는 다짐을 하고, 최상의 추구를 거역할 수 없는 법칙으로 삼아라. 그리고 이 점을 기억하라. 이제 경주가 시작된 이상, 이제 올림픽 경기가 시작된 이상, 쾌 불쾌를 불문하고 혹은 명예 불명예를 불문하고 더 이상 미적거릴 수 없다는 점을, 그리고 당신이 지금껏 닦아온 진전의 성패가 단 하루 단 한 번의 행동으로 결판난다는 점을. 소크라테스도 이런 식으로, 살면서 마주한 모든 순간

---

57) 자연법칙과의 부합. 통제 안의 것과 밖의 것을 구별하여 행동하는 것. 흔히 이것을 "통제의 이분법"(the dichotomy of control)이라 한다.

이성이 아니라면 어느 것에도 눈길을 주지 않음으로써, 완벽에 이를 수 있었던 것이다. 당신이 아직 소크라테스가 아닐지라도 소크라테스를 향하여 살지 않으면 안된다는 것이다.

52

철학에서 가장 필요한 것은 "거짓말 하지 말라."와 같은 철학적 명제를 실천하는 것이다. 둘째로 필요한 것은 명제를 증명하는 것으로, "왜 거짓말 하면 안되는가?"와 같은 것이 이에 해당된다. 셋째는 이를 확인하고 분명히 하는 것으로, "이것을 어떻게 증명이라 할 수 있는가?, 증명이란 무엇인가?, 귀결이란 무엇인가?, 모순이란 무엇인가?, 진은 무엇이고 위는 또 무엇인가?" 등이 이에 해당된다. 그러므로 셋째는 둘째 때문에 필요하고, 둘째는 첫째 때문에 필요하다. 가장 중요하고 귀착점이 되어야 할 것은 첫째라는 것이다. 그런데도 우리는 그 순서를 거꾸로 하여, 모든 시간과 노력을 셋째에 집중하고 첫째는 철저히 경시한다. 그 결과 우리는 실제로는 거짓말을 하면서도, 거짓말을 하면 안되는 이유가 어떻게 증명될 수 있는지를 언제라도 보여줄 태세를 취한다.

53

어떤 경우에도 아래와 같은 생각에서 멀어지지 마라.

오 제우스 신이여, 오 운명58)이여, 나를 인도해주오,
당신이 명하는 곳이 어디든
주저없이 따를지어다,
잘못된 마음으로 비틀거리더라도
끝까지 따를지어다.

[클리엔티스(Cleanthes)]

필연59)에 부응하는 사람은 누구나
인간 중의 현자로,
하늘의 법칙을 아는 사람이다.

[유리피디즈(Euripides),60) 단상(Fragments)]

그것이 신의 뜻61)이라면 그리 되도록 하라.

[플라톤, 「크리토」(Crito)]

---

58) 자연법칙.
59) 자연법칙, 운명.
60) 고대 아테네 비극작가.
61) 운명, 자연법칙.

아니투스(Anytus)와 멜레투스(Meletus)62)가 나를 죽일 수는 있지만 해칠 수는 없을 것이다.63)

[플라톤, 「변론」(Apology)]

---

62) 소크라테스 고소인.
63) 내 통제 밖에 있는 몸뚱아리는 나의 본령이, 즉 내가, 아니다.

저자 소개
　　에픽티터스(Epictetus): 대표적 고대 금욕주의자

역자 소개
　　조용기: 전 대구교육대학교 교수
　　김현지: 현 대구동성초등학교 교사

에픽티터스 잠언록

2022년 11월 15일 1판 1쇄 발행

지은이: 에픽티터스
옮긴이: 조 용기
　　　　김 현지
펴낸이: 박 승희
펴낸곳: 교우출판

대구시 수성구 수성로66길 49
전화: 053-527-2191 팩스: 0504-040-2191
홈페이지: http://cafe.daum.net/edu-press
이메일: edu-press@hanmail.net
등록: 제2019-000011호

ISBN: 979-11-965605-8-4

ⓒ2022. 조용기 & 김현지
무단 전재와 복제를 금합니다.

정가: 17,000원